HYGIÈNE

ÉTUDE TECHNIQUE

RELATIVE A

L'ASSAINISSEMENT

DE LAGNY (Seine-et-Marne)

Par DELAPORTE

ARCHITECTE, OFFICIER D'ACADÉMIE

1883

F. AUREAU

IMPRIMERIE DE LAGNY

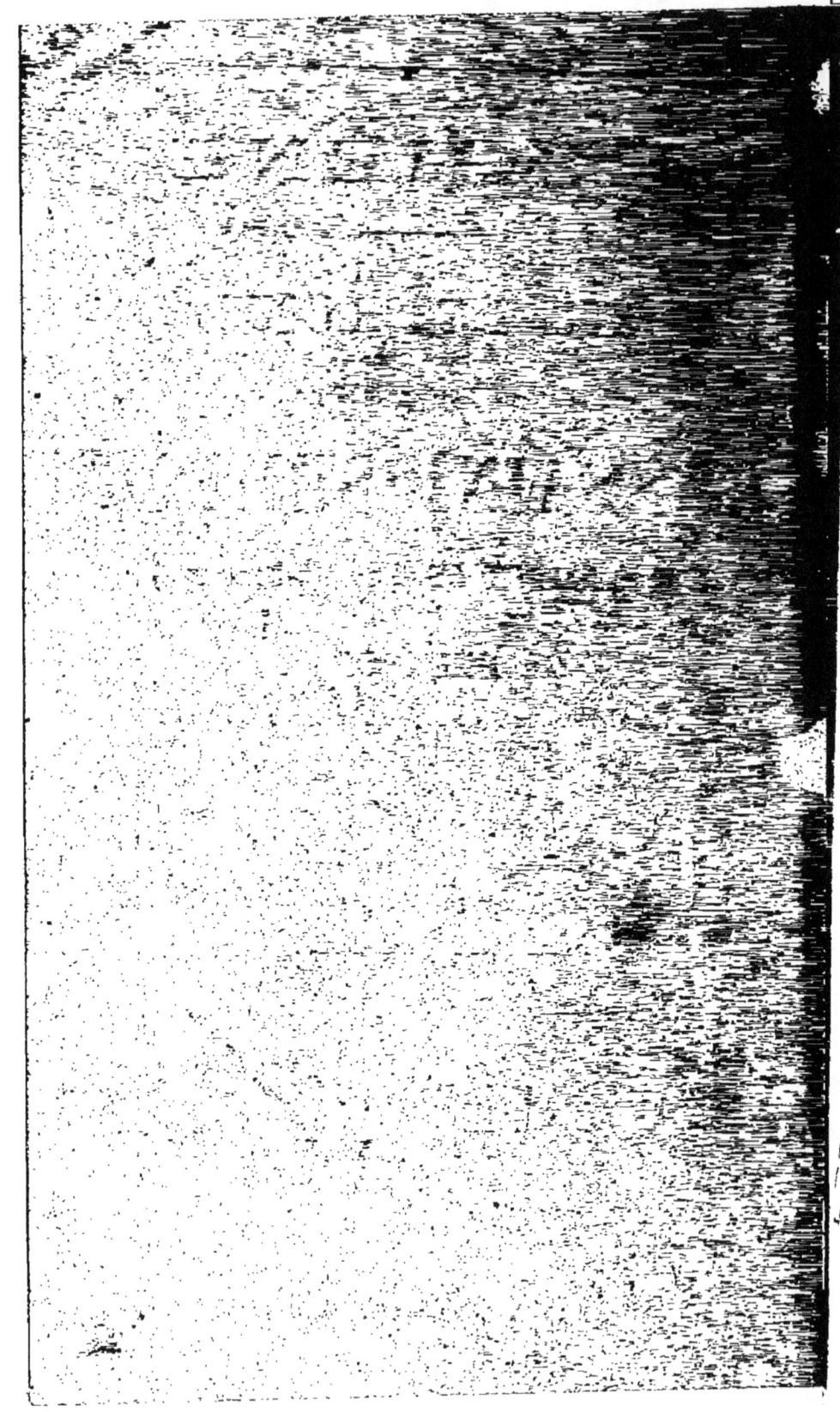

HYGIÈNE

HYGIÈNE

ÉTUDE TECHNIQUE

RELATIVE A

L'ASSAINISSEMENT

DE LAGNY (Seine-et-Marne)

Par DELAPORTE

ARCHITECTE, OFFICIER D'ACADÉMIE

1883

F. AUREAU

IMPRIMERIE DE LAGNY

HYGIÈNE

ÉTUDE TECHNIQUE

RELATIVE A

L'ASSAINISSEMENT DE LAGNY

TITRE I

La couche inférieure du sol, sur lequel est bâtie la petite ville de Lagny, est très accidentée, dans la partie basse de la ville *(quartiers de l'hospice et du Pont-Neuf)*, où existaient des mares et ruisseaux d'eau stagnante.

A quelques mètres de profondeur on y trouve une terre noire, décomposée, qui ressemble à un terreau très avancé en décomposition ; cette situation s'explique par les infiltrations de la Marne, qui refoule dans le sol les eaux viciées de toutes natures des régions supérieures qui deviennent sans écoulement, lesquelles, répandues par les puisards et fosses d'aisances non étanches ; nous retrouvons, en partie, ces eaux insalubres dans beaucoup de caves de ces quartiers, dans lesquelles il a fallu remblayer, pour les rendre accessibles, et, devenues presque impraticables par suite de manque de hauteur.

Dans cette partie de la ville, on remarque, d'une façon presque générale, d'anciens remblais de plusieurs mètres d'épaisseur, composés de terre et de sable, et, surtout de gravois de plâtre.

Ce sol accidenté se retrouve dans beaucoup d'endroits, même dans la partie haute de la ville, ce qui nous prouve que cette ville a subi, ultérieurement, un bouleversement.

Ce sol perméable se prête nécessairement aux infiltrations de toutes natures ; pour le moment, la situation n'est point devenue dangereuse, grâce à l'usage dans les ménages des eaux de la source ; il n'en serait peut-être pas de même, si les habitants n'avaient à leur disposition que des eaux de puits.

Plus tard, à une époque plus ou moins reculée, quand le sol sera complètement imprégné de matières fécales et d'eaux croupies sans écoulement, provoquées par le flux des eaux de la Marne, subissant un mouvement ascensionnel plus considérable, alors, les caves seront devenues des réservoirs infects d'eaux stagnantes, et inaccessibles.

Il est facile de se rendre compte du résultat futur en prenant pour base le passé, ce qui est indiscutable, par les couches successives de remblais, faites au fur et à mesure de l'élévation du lit de la Marne.

A ces époques futures, ces eaux stationnaires, privées d'air, pourront se mettre en fermentation et dégager des gaz toxiques ou miasmes de nature à amener la peste dans notre cité.

Il est encore temps d'arrêter, dans une certaine mesure, le fléau supposé, tant négligé par nos ancêtres, qui n'ont pas cru devoir tenir compte de ces observations; on peut en atténuer la violence, en prenant des mesures énergiques, et, en mettant un terme à la situation tolérante actuelle, bien qu'elle s'améliore tous les jours par des arrêtés administratifs, qui ont compris la situation périlleuse qui menaçait la ville de Lagny; les ordonnances relatives aux fosses d'aisances et puisards, et la construction d'égouts, sont un grand progrès et un grand pas fait vers l'hygiène et l'assainissement;

nous remarquons, et sommes heureux de constater, cet immense bienfait qui supprime ces cloaques et autres parties insalubres.

Les trois quarts de nos rues sont encore dépourvues d'égouts, mais avec le temps le réseau sera complété, nous l'espérons, et la génération future en profitera.

TITRE II

La Commission municipale de la ville de de Paris, sous la présidence de M. Alphand, directeur des travaux de la ville, indique dans un savant résumé de ses travaux, que nous retrouvons dans les *Annales industrielles* du 19 août 1883, diverses modifications à apporter dans le service des fosses d'aisances ; le système adopté par la Commission serait leur suppression en rejetant les matières dans les égouts. Cette Commission, composée des hommes les plus autorisés en cette matière, ont conclu à la suppression ; ces messieurs, dans leur savant répertoire, se sont-ils rendus compte exactement de la possibilité de ce faire ? c'est ce que l'avenir nous dira. Quant à moi, je crains la mise à exécution, la chose est, sans doute, possible dans certains quartiers, et, impossible dans d'autres, l'efficacité ne peut être générale, et, surtout, dans les quartiers moins favorisés, où il n'y a que les eaux ménagères et pluviales. Il est indispensable, pour la réussite du système, d'avoir des torrents d'eau continuels ; en admettant les principes de la Commission, qu'il fût possible d'évacuer les matières excrémentielles par l'égout en les jetant dans la Seine, ce système infectera les eaux ; le cas est prévu : pour obvier à cela, la Commission a pensé faire l'épuration des eaux et matières provenant des égouts par l'infiltration du sol, ces eaux prises à la sortie des collecteurs par de puissantes machines pour être déversées dans des réservoirs filtrants ; la Commission a-t-elle évalué la quantité phénoménale des eaux à remonter et à faire filtrer? il va falloir compter avec des collecteurs transformés en fleuves ; s'est-elle fait une idée d'un dépôt si considérable de matières excrémentielles, établi aux portes de Paris? cela me paraît plus dangereux que les dépotoirs de Bondy et autres, tolérés dans les petites villes de province.

La Commission a voté ces résolutions : la vidange par les égouts, de plus l'épuration des eaux des égouts par des réservoirs à infiltration; elle a sans doute voté l'étude, c'est mon opinion, la réalisation d'un tel projet est considérable, en se rendant compte de l'immensité des terrains nécessaires; elle s'est jetée comme sur une bouée de sauvetage sur les terrains domaniaux d'Achères, comme étant les plus favorables aux infiltrations; on trouvera, dans ces réservoirs, des matières propres à l'agriculture, j'en conviens, mais, à quel prix? A côté de cela on réduira les terrains productifs si précieux aux environs de Paris.

Je me range parmi les incrédules adversaires de la Commission qui faisaient ressortir les stagnations inévitables, la fermentation qui doit être une conséquence fatale du dégagement du gaz toxique et des miasmes qui sortiront des bouches d'égouts et viendront empoisonner les maisons riveraines, en leur communiquant la funeste influence du virus, semblable au charbon; il en sortira, quoi que l'on fasse, ne serait-ce que le produit des parties collées aux parois des égouts.

La Commission veut suivre les installations, en les modifiant : celles établies à Londres, Bruxelles et Berlin, tout récemment; le système a sa raison d'être avec un écoulement considérable d'eau, de façon à noyer les matières; quant à l'infiltration, la réussite est peu probable, attendu que, quand les réservoirs seront enduits et imprégnés de matières grasses et excrémentielles, l'infiltration se modifiera, ou ne se fera plus, et, alors, la Commission sera réduite à chercher un nouveau moyen : cela sera facile avec les millions publics!

TITRE III

Je signale ci-dessus une partie du rapport de la Commission parisienne, avec mes observations, par la raison que ce système nouveau m'a été opposé à l'occasion d'une explication que je fis sur les fosses d'aisances à Lagny. A l'extrémité, en supposant que le système chimérique, invoqué par la Commission parisienne, réussisse, ce n'est pas une raison pour l'appliquer d'une manière efficace et générale; à Lagny, ce système est à rejeter pour toutes raisons : nous n'avons pas l'eau en assez grande quantité pour le lavage constant des égouts, si utile pour la submersion des matières, ni l'écoulement nécessaire, faute de pente.

Dans la partie basse de la ville, à Lagny, nous avons le plus grand intérêt à circonscrire les matières excrémentielles dans des fosses bien étanches et éviter toutes espèces d'infiltration; ce qui me paraît aussi important de faire, c'est l'évacuation des gaz méphytiques, en appliquant à chaque fosse : 1° un ventilateur qui prendrait naissance à l'intrados des voûtes, en y réservant une pente vers cet orifice; 2° un autre ventilateur faisant suite au tuyau de chute, et tous deux, allant déboucher au-dessus des toitures. Ce dernier ventilateur est surtout nécessaire quand la fosse est à moitié pleine, ou que la chute se trouve engorgée, alors ces gaz n'ayant d'autre issue que celle de la cuvette des sièges, viennent se répandre dans les habitations; des appareils inodores à fermeture hermétique ou à siphon sont indispensables, à tous les orifices des lieux, ces observations d'hygiène sont trop négligées dans nos petites villes, où la susceptibilité est trop ménagée, où, prise en considération, il est cependant dans l'intérêt général de veiller à cet état de choses.

TITRE IV

Dans chaque rue où l'on construit un égout, on oblige les propriétaires riverains d'y déverser les eaux ménagères et autres, c'est assurément une amélioration considérable mais incomplète ; chaque *piqure* faite à l'égout devrait être pourvue d'un siphon ou d'une valve mobile, de manière à intercepter la sortie des gaz malfaisants qui peuvent venir se répandre dans les cours et dans les habitations par les pierres d'éviers, en formant des ventilateurs nauséabonds.

Aucun tuyau ne devrait arriver à l'égout sans être pourvu d'un de ces appareils intercepteurs, de plus les descentes d'eaux pluviales devraient toujours se déverser dans la conduite mère, de façon à expulser les matières grasses et autres.

Quant au curage des égouts, il est fort difficile à Lagny ; il se fait à la main, d'une façon rude et dangereuse pour les ouvriers chargés de ce pénible travail. On est obligé de ramener les dépôts à l'orifice circulaire trop restreint et distancés à plus de 50 mètres, de les remonter au seau et à la main, et de les déverses sur la chaussée en attendant l'enlèvement. Pendant ce laps de temps, les odeurs les plus insupportables se répandent partout, lesquelles sont d'abord respirées par les ouvriers placés à l'intérieur de l'égout, peuvent être de nature à amener l'as phyxie, quels secours pourrait-on porter à un homme tombé à une distance pareille de l'orifice? Je pense qu'il ne serait pas impossible de trouver un moyen plus efficace et moins dangereux pour le nettoyage de ces égouts si restreints en dimension à Lagny; pour assurer un curage efficace, il est de toute nécessité d'avoir un radier concave ayant tous les angles fortement arrondis, afin que les eaux aient toujours leur écoulement vers le centre : c'est une étude à faire. Il y a un moyen appliqué à Londres qui pourrait aujourd'hui être employé à Lagny; après la terminaison des travaux du grand réservoir à la naissance de la source et de celui de Saint-Laurent, la ville va avoir journellement à sa disposition quatre-vingts à cent mètres cubes d'eau; ce moyen qui réussit est celui fait par la chasse, on pourrait parfaitement s'en servir à Lagny, cela consiste à avoir, en tête des égouts, un réservoir de huit à dix mètres cubes, se vidant instantanément une ou deux fois par semaine, de façon à ne pas laisser s'accumuler des immondices; à ces moments, des ouvriers suivent le mouvement des eaux de la chasse avec des balais pour faire circuler celles des matières qui n'auraient pas été entraînées ou attachées aux parois des égouts, ce système ferait en même temps disparaître la vermine qui infecte ordinairement les égouts; ces dépôts d'eau disposées pour les chasses peuvent s'accumuler la nuit sans nuire pour cela aux concessionnaires particuliers.

Des vannes seraient utiles aux bifurcations pour diriger le curage de tel ou tel égout; ce système de curage serait, à mon point de vue, une économie considérable sur tous les moyens coûteux employés jusqu'à ce jour, ce nettoyage à grande eau est des plus nécessaires à Lagny, afin d'éviter les dépôts stagnants produits par les amoncellements d'ordures balayées et jetées par les bouches d'égouts.

TITRE V

La ville de Lagny est environnée de plaines humides ; je veux parler des prairies de Torcy, fréquemment assujetties aux inondations, souvent par le résultat de travaux de mains d'hommes.

La Marne, dans le parcours de Lagny à Noisiel, n'est jamais draguée ; au contraire, on fait tout le possible pour obstruer le courant ; on y fait des barrages, on parle même d'exhausser celui de Noisiel, alors cette malheureuse plaine de Torcy deviendra un étang d'eau croupie se renouvelant à chaque inondation, seulement, on aggrave toujours le mal plutôt que de le conjurer et cela, pour protéger l'intérêt des industries privées au mépris de ceux publics; c'est la loi du plus fort.

Quoi qu'en disent messieurs les ingénieurs, les barrages sont une gêne et un grand obstacle à l'écoulement naturel des eaux; il faudrait, pour dire le contraire, prouver que cela facilite le courant.

En 1870, l'autorité militaire s'est amusée à faire sauter les ponts de Lagny et autres, voulant sans doute jouir du spectacle de l'explosion, et pour juger de l'effet d'une tempête de pierres; l'administration supérieure, source réparatrice de ces pitoyables forfaits, a oublié de s'informer de ce qu'étaient devenus les décombres; peut-on croire que tous ces matériaux sont restés dans le lit de la Marne? On semble s'étonner des débordements ; mais cet amoncellement est aussi un barrage factice, de nature à réduire la profondeur du lit et la vitesse d'écoulement.

Si une autre guerre venait à frapper notre pays et qu'il fût jugé nécessaire de faire la même opération, que deviendra la Marne ? Elle sera complètement obstruée ; viendra-t on dire que le cours d'eau a son cours habituel ?

Quand la ville sera inondée, on dira : C'est la guerre ; c'est force majeure, assurément, mais qui paiera ce résultat ? L'État, à coup sûr, mais avec nos deniers ; ce sera à nous de payer la négligence de l'autorité supérieure ; aujourd'hui, qu'une grande partie des terres est drainée, il se déverse davantage d'eau dans la Marne ; il est de toute nécessité de pourvoir à des travaux d'écoulement plus considérables, indispensables à l'assainissement de notre pauvre cité ; on se demande le résumé d'une telle incurie, qui n'a d'autres résultats que d'inonder les caves des bas quartiers; est-ce là un assainissement? Non, c'est concentrer l'humidité, en même temps que l'infection du sol. Ces circonstances sont voyantes pour tout le monde; ne serait-il pas important d'en saisir M. le ministre des Travaux publics, ou la Chambre des députés? Ce serait, il me semble, un grand pas à faire pour l'humanité et l'intérêt public.

TITRE VI

Après la Marne, nous avons un ruisseau appelé le bras Saint-Père; ce ruisseau est presque encombré de vase, Dieu sait quelle vase! Une infection en temps de chaleur, lequel reçoit les eaux de savon en quantité considérable des lavoirs établis sur son cours ; dans l'intérêt de la salubrité, ne serait-il pas utile de le curer et de lui rendre son écoulement, afin de faciliter l'évacuation de ces eaux croupies et mousseuses.

Un autre ruisseau non moins intéressant existe à côté des Abattoirs ; celui-ci reçoit les détritus des teintureries et des fabriques de cuir ; l'eau en coule noire comme de l'encre, avec une odeur putréfiante à faire reculer le rustre le plus robuste ; ce ruisseau n'est jamais nettoyé et presque comblé de cette vase immonde, de nature à empester ce quartier neuf. Si l'administration faisait son devoir, elle ferait passer en revue ces vastes foyers d'infection et pourvoir à leur nettoyage, il est certain que cela rendrait un grand service à la population.

TITRE VII

Des immondices et matières excrémentielles séjournent dans les coins et parties renfoncées de certaines rues, même sur de grandes voies; cela constitue des foyers d'infection par les temps de chaleur; il est de toute nécessité de faire disparaître cette situation ainsi que les urinoirs incandescents dans ces mêmes parages, où se fixent des essaims de mouches dégoûtantes; la propreté d'une ville est subordonnée à ces suppressions.

TITRE VIII

La canalisation du gaz est aussi en mauvais état; des fuites se déclarent à chaque instant; ceci n'est pas un danger, au contraire; l'ammoniaque qui s'en exhale est salutaire, mais l'odeur est insupportable.

TITRE IX

L'entretien des ruisseaux est aussi du plus grand intérêt; on remarque, dans beaucoup de rues, des parties défoncées, des dépôts d'eaux ménagères et autres jetées à même sur la voie publique, ou envoyées par des tuyaux de descente et autres; il s'en suit une infection dangereuse et contraire à la vie; dans ces endroits, un balayage souvent répété avec un écoulement d'eau ou un lavage dans les endroits où il n'y a pas de bornes fontaines est des plus utiles pour empêcher le séjour des mouches charbonneuses.

Des prises d'eau posées dans les bordures des trottoirs sont des plus utiles; il en existe quelques-unes, mais d'une façon insuffisante; ces prises d'eau bien combinées serviraient au lavage des ruisseaux, en même temps en cas d'incendie, étant disposées avec le pas de vis s'adaptant à ceux des tuyaux des pompes à incendie, leur alimentation serait assurée; on ne se trouverait pas, dans le cas actuel, obligé de chercher une pompe ou une borne fontaine;

pendant toutes ces recherches, le sinistre s'augmente et devient plus difficile à combattre.

TITRE X

Dans les quartiers populeux de la ville, il y a beaucoup de logements d'ouvriers non aérés, avec des secondes pièces séparées par des cloisons et presque privées de jour et d'air. Ces pièces sont, l'hiver, complètement fermées, et généralement, ces petits logements sont encombrés de famille, principalement d'enfants en bas âge ; on se sert pour le chauffage d'un poêle en fonte pour sécher les layettes détrempées d'urine, etc.; ces odeurs, en contact avec le poêle presque rouge, développent un gaz acide carbonique affreux à la respiration, à faire reculer le tempérament le plus fort; les pauvres petits sont là et condamnés à respirer dès leur jeune âge ce parfum infect et le plus périlleux pour leur santé, ce dont ils ont le plus grand besoin pour le développement de leurs organes. Dans nos visites, à la Commission municipale de salubrité, combien avons-nous rencontré de ces logements sales et malsains ? Hélas ! beaucoup trop.

C'est ici où il est le plus utile d'apporter des modifications et supprimer en partie ces cloaques et y faire pénétrer l'air, l'élément le plus utile à la vie; ce serait faire acte de charité envers les familles pauvres qui sont obligées de se loger dans ces foyers immondes et de respirer plusieurs fois le même air vicié d'un logement trop exigu. L'ouvrier qui habite ces logements s'empoisonne peu à peu, les enfants deviennent blêmes, avec une santé débilleuse, et souvent, à l'âge de formation, y perdent la vie.

On ne se rend pas assez compte des effets que je signale ; on se dit : « Je donne de l'air, le jour, c'est bien suffisant au renouvellement. » C'est la plus grande erreur, c'est surtout pendant le sommeil que le progrès du mal s'établit, où l'air est vicié dès sa première invasion dans les poumons. Il est toujours très important de tenir ces logements aérés, de renouveler l'air plusieurs fois par jour, de les tenir dans un état de propreté parfait, en chasser l'humidité autant que possible, faire ou entretenir les peintures, les badigeons à la chaux et autres nettoyages assez fréquents.

Entretenir en bon état les papiers de tenture, s'il en existe, épousseter les poussières y attachées, supprimer les lambeaux de tenture, s'il en existe, lesquels deviennent les repères d'insectes souvent malfaisants ;

la propreté est l'organe le plus utile à la vie.

Les contrées du Nord sont réputées les plus saines ; c'est simplement dû à leur état de propreté ; il ne se passe pas de jour où les carrelages, les tables et autres meubles soient lavés et frottés au grès blanc. En entrant dans ces logements, même les plus pauvres, on y respire le bien-être de la propreté ; on rencontre dans ces maisonnettes des enfants d'une santé splendide, avec une mine vermeille à envier, et des vieillards presque centenaires.

TITRE XI

Dans nos petites villes de province, les constructions neuves pour habitations se font toujours sans contrôle administratif, de sorte que tout est subordonné à l'intelligence des constructeurs qui établissent les projets. Ceux faits par des entrepreneurs sérieux, connaissant à fond leur métier, sont presque exempts de vices insalubres; mais les petits propriétaires s'adressent toujours à un entrepreneur secondaire, souvent dépourvu d'études et sachant à peine se servir de ses outils; leurs constructions sont assujetties à des critiques avérées, car souvent elles sont malsaines.

L'administration locale pourrait, cependant, arrêter dès le début tous ces vices, contraires à l'hygiène et à la salubrité, en ayant un architecte chargé de visiter les constructions et d'ordonner, par des procès-verbaux, les modifications nécessaires.

Aucun bâtiment d'habitation ne devrait être mis à exécution sans que préalablement les plans eussent passés à la censure administrative locale; c'est un contrôle indispensable à l'intérêt public.

L. DELAPORTE.

F. Aureau. — Imprimerie de Lagny.